REGLEMENT
GENERAL

Pour les longueurs, largeurs & qua-
litez des Draps, Serges, & autres
Estoffes de laine & de fil qui seront
Manufacturées dans le Royaume.

Verifié en Parlement le treiziéme Aoust 1669.

A PARIS;

Chez FREDERIC LEONARD, Imprimeur ordinaire
du Roy, de la Cour de Parlement, & de la Police,
ruë S. Jacques, à l'Escu de Venise.

M. DC. LXIX.

Avec Privilege de sa Majesté.

STATVTS, ORDONNANCES ET REGLEMENT,

Pour les longueurs, largeurs & qualitez des Draps, Serges & autres Eſtoffes de laine & de fil, que Sa Majeſté veut eſtre obſervez par tous les Maiſtres Drapiers, Sergetiers, Ouvriers & Façonniers des Villes, Bourgs & Villages de ſon Royaume.

PREMIEREMENT.

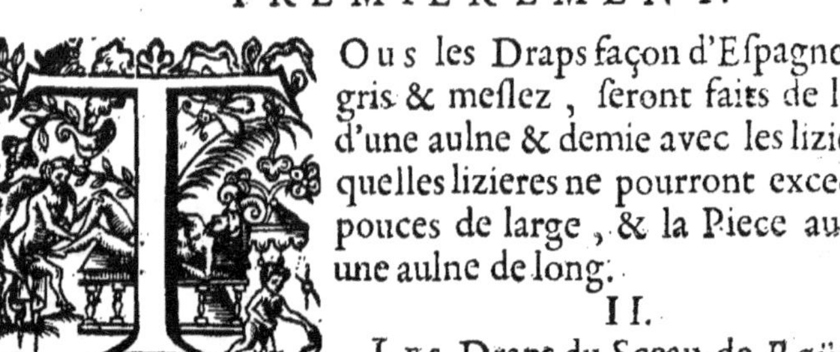

Ous les Draps façon d'Eſpagne, blancs, gris & meſlez, ſeront faits de la largeur d'une aulne & demie avec les lizieres, leſquelles lizieres ne pourront exceder deux pouces de large, & la Piece aura vingt-une aulne de long.

II.

Les Draps du Sceau de Roüen, Darnatal, Dieppe, les Seizains de Saſtes & autres de pareille ſorte & qualité, les Serges à poil, Serges de Segovie, Serges de Beauvais à poil & à deux envers, Serges de Saint Lo, Falaiſe, Vendoſme, Eſtamets & Serges de Dreux, de Neüilly, d'Orleans & de Troyes, auront une aune de large, & la piece vingt à vingt-une aunes de long.

III.

Les Draps blancs forts d'Elbœuf, de Romorantin, Bourges, Issoudun, Aubigny, Vierzon, Saint Genoux, Laon, Salbry, Seignelay, & autres lieux où il se fait de pareilles Marchandises, auront une aulne de large les lizieres comprises, & quatorze à quinze aulnes de long. Et les Serges de Berry & Sologne, & les Draps de Reims, Chaalons & Chartres auront pareille largeur que lesdits Draps, & seront de vingt à vingt-une aulne de longueur. IV.

Les Draps de Chasteauroux auront une aulne de large, les lizieres comprises, & de dix aulnes & demie à onze aulnes de long, d'autant qu'ils se vendent à la piece.

V.

Les Draps blancs de Saint Lubin, de Gisors & d'autres lieux circonvoisins, auront une aulne & un seize de largeur entre les lizieres, & seront de vingt-huit à trente aulnes de long. Et les Draps gris dudit Saint Lubin & Gisors auront une aulne de largeur les lizieres comprises, & vingt aulnes de long.

VI.

Les Draps de Dreux blancs & gris, de Vire, Dampierre, Cervillé, Blevy, Argentan, Escouché, Valogne, Cherbourg, Verneüil au Perche, Senlis, Soissons, Meaux, Lisy, Meru, Chasteau-Renard, Chasteau-Regnaud, Fourcarmont, Ansennes, Gamache, Anchy le Chasteau, tant fins que moyens, auront une aulne de large, les lizieres comprises, & trente à trente-deux aulnes de long.

VII.

Les Ratines larges de Roüen, Dieppe, Beauvais & d'autres lieux, auront une aulne & un tiers de large, les lizieres comprises, & les étroites une aulne de large ; & seront de quinze à seize aulnes de long ; les demy pieces & les doubles pieces à proportion.

VIII.

Les Serges rases de Saint Lo, celles de Caën, Fresne, Condé & Falaize, auront une aulne de large, & trente-cinq à quarante aulnes de long.

IX.

Les Serges façon de Londres blanches, grises & meslées, qui

se

se font à Seignelay, Abbeville, Reims, Saint Lo, Gournay &
autres lieux, auront deux tiers & demy de large, & vingt aulnes
de long.

X.

Les Serges drapées, larges, blanches & grifes de Beauvais,
Sedan & Moüy, feront fans lifieres & auront une aulne de large,
& vingt-une aulne de long.

XI.

Les autres Serges moyennes de laine pure, blanches & grifes,
de Moüy, Merlou, Meru, Sedan, Mezieres, Donchery, Tri-
cot, Nantes, Boüilbecq, Haute-Efpine, & d'autres lieux où il
s'en fait de pareille forte, auront deux tiers de large, & vingt-une
aulne de long. Et celles qui ne feront pas de laine pure, auront la
lifiere bleuë, & auront mefme longueur & largeur.

XII.

Les Serges d'Amiens façon d'Afcot, blanches & de toutes
couleurs, auront une aulne de largeur, & vingt-une aulne de
longueur.

XIII.

Les Serges façon de Chartres, appellées Serges à la Reine,
auront demie aulne de largeur, & vingt-une aulne de longueur.

XIV.

Les Rafes façon de Chaalons auront demie aulne demy quart
de large, & vingt-une aulne de long.

XV.

Les Serges façon de Seigneur auront trois quartiers de large,
& vingt-une aulne de longueur.

XVI.

Les Serges appellées d'Ypres & d'Afcot feront d'une aulne
de large, & vingt-une aulne de long.

XVII.

Les Serges de Colles, cy-devant appellées façon d'Aumalle,
auront demie aulne demy quart de large, & vingt-une aulne de
long.

XVIII.

Toutes fortes de Camelots, mefme les Camelots de Lifle,
& fil retors, auront demie aulne de largeur, & vingt-une aulne de

longueur ; Et les larges auront trois quarts de largeur, & vingt-une aulne de longueur.

XIX.

Tous les Barracans blancs, gris & meſlez, ſeront de deux largeurs ; ſçavoir, de demie aulne de large, & de vingt-une aulne de long ; & de trois quartiers de largeur, & vingt-trois aulnes de longueur.

XX.

Les Eſtamines Serges appellées de Rome, croiſées & lices, les Dauphines, les Indiennes, les Caſtagnettes, les Ferandines & Burails à contre-poil, les Marguerites, les Droguets blancs & de toutes couleurs, auront demie aulne de largeur, & vingt-une aulne de longueur.

XXI.

Les Raſes de Reims, de Chaalons, & des lieux circonvoiſins, blanches, griſes & marbrées, auront demie aulne demy quart de large, & reviendront eſtans foulées à vingt aulnes & un quart, & juſques à trente aulnes de long. La Draperie deſdits lieux ſe fera ſelon leurs Statuts.

XXII.

Les Eſtamines de Reims, Chaalons & des lieux circonvoiſins, Nogent le Rotrou, Authon, Montmiral, Baſoches, Lude & autres lieux, auront demie aulne de large, & unze à douze aulnes de long.

XXIII.

Les Frocs qui ſe fabriquent à Liſieux & Bernay en Normandie, auront demie aulne de large eſtant foulez, & auront vingt-quatre à vingt-cinq aulnes de longueur.

XXIV.

Les Serges de Chartres, d'Illiers, Nogent le Rotrou, Pont-goin, & autres lieux des environs où il s'en fait de pareilles, fines & moyennes, auront demie aulne de large eſtant foulées, & vingt aulnes & demie de long. Et la Draperie de Chartres ſe fera ſelon ſes Statuts.

XXV.

Les Serges d'Aumalle, Granvilliers, Feuqueres & de tous les lieux circonvoiſins, tant blanches que griſes, auront demie aulne demy quart de large, & trente-huit à quarante aulnes de long.

XXVI.

LES Serges de Crevecœur, Blicourt, & de tous les lieux cir convoisins, tant blanches que grises, auront, sçavoir les large demie aulne demy quart de largeur, & vingt aulnes & demie de longueur estant foulées ; & les étroites auront demie aulne de large, & pareille longueur estant foulées.

XXVII.

TOUS les Droguets blancs, meslez, pleins, rayez & façonnez qui se font dans tout le Royaume, de laine pure, meslée de soye ou de fil, auront demie aulne & un douze de large, & trente-cinq à quarante aulnes de long.

XXVIII.

LES Tiretaines blanches & grises faites de laine & fil, auront trois quartiers de large, & trente-cinq à quarante aulnes de long ; le tout aulnage de Paris : Et les chaisnes de toutes lesdites Estoffes auront le nombre de fil suffisant & convenable à leur largeur, pour les rendre de la finesse, bonté & force requise à leur espece & qualité.

XXIX.

LES Serges étroites de la Ville de Roye auront deux tiers de large, de vingt-une aulne de long ; Et celles qui ne seront pas de laine pure auront la lisiere bleuë, & mesme longueur & largeur que les susdites.

XXX.

IL ne sera desormais fait aucunes Estoffes, de si petit prix qu'elles puissent estre, par tel Drapant ou Serger, & par qui que ce soit, qu'elle n'ait une demie aulne mesure de Paris de large.

XXXI.

ENJOINT à tous les Maistres Drapiers, Drapans & Sergers de faire les lisieres des Draps de pareille longueur que l'étoffe, afin que les Draps & Serges soient plus aisez à tondre, & qu'ils ne soient mal unis ; & faire lesdites lisieres suffisamment fortes, à ce qu'elles ne viennent à déchirer en mettant les Draps seicher.

XXXII.

TOUTES les Estoffes de laine & de fil de mesme nom, ou mes- *Uniformité.* me sorte & qualité que celles cy-dessus, & qui n'ont pû y estre ſpecifiées, auront uniformement meſme longueur & largeur que les ſuſdites de leur ſorte & qualité, dans toute l'étenduë du Royaume. Et ſeront auſſi leſdits Draps, Serges & autres Eſtoffes de meſme & uniforme force & bonté en toute la longueur & largeur de la piece, ſans aucune difference. Et ne pourront les Tiſſerands & Ouuriers ourdir les chaiſnes deſdites Eſtoffes, ſinon aux largeurs cy-devant exprimées; Ny employer des laines, fils & autres matieres plus fines à un bout de la piece qu'en tout le reſte de ſadite longueur & largeur; Le tout à peine de confiſcation, & de Vingt livres d'amande pour chacune contravention.

XXXIII.

Reformation des Laines & Rots.

Pour faire ſoigneuſement obſerver les longueurs & largeurs deſdits Draps, Serges & autres Manufactures de laines & de fil cy-devant exprimées, quatre mois apres la publication des Preſentes, toutes les Laines & Rots des meſtiers deſdites Manufactures ſeront changez & remis à la largeur & grandeur cy-devant preſcrite pour leſdites Manufactures. Et où il ſe trouveroit aucuns meſtiers, apres ledit temps paſſé, qui ne fut de la largeur ſuſdite, ils ſeront actuellement rompus pour eſtre refaits à la ſuſdite largeur & grandeur, & ceux auſquels ils appartiendront condamnez en Trois livres d'amandes pour chacun meſtier.

XXXIV.

Corps & Communautez.

Les Corps & Communautez des Meſtiers de Drapier & Sergetier de toutes les Villes & Bourgs du Royaume, ſeront compoſez indifferemment de tous les Maiſtres qui ont eſté receus auſdits Meſtiers, ou qui les exercent en vertu des Lettres Patentes que Sa Majeſté & ſes Predeceſſeurs Rois leur auroient accordées. En conſequence de ce, ils continueront l'exercice deſdits Meſtiers paiſiblement & ſans aucun trouble, à la charge de faire inſcrire leurs noms & qualitez de Maiſtres, tant ſur les Regiſtres des Juges des lieux qui auront droit de connoiſtre de la Police deſdites Manufactures, que ſur celuy de leur Communauté, un mois apres la publication des preſens Statuts & Reglemens: Faute de ce, ledit temps paſſé, ils ne pourront exercer la Maiſtriſe deſdits Meſtiers ſans la permiſſion deſdits Juges de Police, ou ſans faire leur apprentiſſage, en la maniere qui ſera dite cy-apres; Et toutes autres perſonnes que les Maiſtres deſdits Meſtiers, ſans exception,

ne

ne pourront s'immifcer de faire des Draps , Serges ny autres Eftoffes , à peine de confifcation d'icelles , & de Cent cinquante livres
d'amande.

XXXV.

Pour maintenir les Maiftres & Communautez defdits Meftiers *Election des*
dans l'union & la bonne intelligence en laquelle ils doivent *Gardes &*
vivre, & pour tenir la main à l'execution des prefens Statuts & Re- *Iurez.*
glemens, fera nommé par chacun an à la pluralité des voix , le mefme jour que lefdites élections ont efté cy devant faites; & pour les
lieux où n'en a efté fait , à tel jour qu'il fera reglé par les Officiers
qui ont droit de le faire , le nombre de Gardes ou Jurez defdits
Meftiers de Drapiers & Sergers qu'ils aviferont bon eftre, eu egard
aux lieux où fe feront lefdites Elections , lefquels Jurez prefteront
le ferment pardevant lefdits Officiers de bien & deüement exercer
leur Commiffion pendant le temps d'icelle , qui ne pourra eftre
moins que d'une année , & lefdits Jurez fortans de charge fera procedé à nouvelle Election d'autres Jurez en leur lieu , mais de maniere qu'il y refte toûjours deux anciens, ou au moins un , pour in-
ftruire les nouveaux , Et ainfi fucceffivement d'année en année le
mefme ordre fera toûjours obfervé , & feront obligez lefdits Gardes & Jurez de bien , & deüement faire ladite commiffion,& fidel-
lement faire leur rapport au Juge de Police des Manufactures de
toutes les contraventions qui pourroient eftre faites aufdits prefens Statuts & Reglemens, à peine d'interdiction de ladite Commiffion & de la Maiftrife. Ne pourront les Maiftres, Compagnons
& Apprentifs defdits Meftiers s'affembler pour l'Election defdits
Jurez, ny pour quelques autres affaires que ce puiffent eftre , s'ils
n'en ont la permiffion des Officiers qui ont droit de la donner , à
peine de trente livres d'amande contre chacun des contrevenans,
& de leur eftre leur Procez fait & parfait extraordinairement comme à des feditieux ; & lors que lefdits Gardes ou Jurez fortiront
de charge, ils remettront entre les mains de ceux qui leur fuccede-
ront tous les Regiftres & papiers concernant les affaires de ladite
Communauté.

XXXVI.

Les Aulneurs ne pourront aulner aucunes Eftoffes & Marchan- *Aulneurs.*
difes qui ne foient marquées de la marque du lieu , & où le nom

de l'Ouvrier ne foit fur le chef & premier bout de la piece, fait fur le Meftier & non à l'Eguille, à peine pour la premiere fois de cinquante livres d'amande, & pour la feconde, de pareille peine & d'interdiction de fa fonction ; ce faifant il fera commis en leur lieu & place par les Officiers de Police des Manufactures.

XXXVII.

Aulneurs &
Courtiers.

Les Aulneurs ne pourront eftre Courtiers, ny les Courtiers ne pourront eftre Aulneurs, Commiffionnaires ou Facteurs, ny acheter ou faire acheter aucunes Laines & Marchandifes defdites Draperies & Sergeteries pour leur compte, ny pour qui que ce foit, pour les revendre directement ny indirectement à leur profit, à peine de confifcation defdites Marchandifes, & de cent livres d'amande, & de privation de leurs fonctions.

XXXVIII.

Vifite gene-
rale & mar-
que.

Afin de pouvoir facilement reconnoiftre & diftinguer les Draps, Serges & autres Eftoffes, qui auront efté faits avant le prefent Reglement, d'avec celles qui ne l'auront efté que depuis fa publication, & en conformité d'iceluy, un mois apres la publication des prefentes, les Officiers de Police des Manufactures, affiftez des Maiftres & Gardes ou Jurez de la Draperie en charge, feront & fans frais une vifite generale dans toutes les Maifons, Magafins & Boutiques, Ouvroirs des Marchands, Façonniers & Ouvriers, mefme en celles defdits Gardes & Jurez en charge, & y marqueront d'une marque, qui fera faite exprés, tous les Draps, Serges & autres Eftoffes qu'ils y trouveront, enfuite dequoy la figure de ladite marque fera empreinte fur les Regiftres des Communautez des Drapiers & Sergers, puis mife en piece en prefence de tous ceux qui auront fait lefdites vifites, dont fera fait mention fur lefdits Regiftres, & fera ladite marque differente de celle dont feront marquées les Eftoffes faites en conformité du prefent Statut, & autour d'icelle fera gravé le nom de la Ville, Bourg ou Village où lefdits Eftoffes auront efté faites, fans y pouvoir mettre le nom, ny la marque d'un autre lieu, à peine de confifcation defdites Eftoffes, lefquelles Eftoffes faites avant le prefent Reglement & non conformes à iceluy marquez comme dit eft, il fera permis aux Ouvriers & Façonniers qui en auront de les vendre & debiter, pendant le temps de fix mois, aprés la publication des prefentes, fans toutesfois qu'aprés ledit temps paſſé il leur foit loifible d'en plus vendre de cette qualité, à peine de confifcation, d'eftre les lizieres defchirées publiquement, & de cent livres d'amande contre l'Acheteur pour chacune contravention.

XXXIX.

Tous les Draps, Serges & autres Eſtoffes feront veües & vifi- *Viſite &* tées au retour du foulon par les Gardes & Jurez en charges, & par *marque.* eux marquées de la marque du lieu où elles auront eſté faites, fi elles font conformes au prefent Reglement ; & fi ils y trouvent de la defectuofité, ils les feront faifir, & en feront leur rapport au Juge de Police des Manufactures pour en ordonner la confifcation ainfi qu'ils aviferont bon eftre ; & fi elles n'avoient la largeur ordonnée par ces prefentes, les lizieres en feront defchirées publiquement. Et pour faciliter lefdites vifites & marques defdites Marchandifes, il y aura dans toutes les Villes, Bourgs, & Villages du Royaume où lefdites Manufactures font établies, une Chambre de la grandeur neceſſaire dans les Hoftels defdites Villes, ou au Bureau des Communautez dudit Corps, s'il fe peut, ou autre lieu le plus commode, en laquelle Chambre les Façonniers & Ouvriers feront tenus d'apporter leurs Marchandifes, pour y eftre vifitées & marquées, comme dit eft, aux jours & heures qui feront reglez & arreftez par lefdits Juges de Police des Manufactures ; Et à cette fin lefdits Gardes & Jurez feront tenus de s'y rendre : Et fi lefdites Marchandifes eftoient portées en autres Villes pour y eftre debitées, mefme celles des pays Eftrangers, fans exception, elles feront directement defchargées dans les Halles ou autres lieux deftinez aux vifites des Marchandifes, & non ailleurs, (excepté celles qui feront apportées aux Foires) pour y eftre auffi veuës & vifitées par les Maiftres & Gardes de la Draperie defdites Villes, & par eux marquées, fi elles font de la qualité requife, & où elles ne le feroient, ou qu'à celles Manufacturées en France la marque du lieu où elles auront eſté faites n'y euft eſté appofée, ou que le nom de l'Ouvrier fait fur le meftier, & non à l'Eguille, n'euft eſté mis fur le chef & premier bout des pieces defdites Marchandifes, elles feront faifies, & fur le rapport & à la diligence defdits Maiftres & Gardes & Jurez, la confifcation en fera pourfuivie pardevant lefdits Juges de Police des Manufactures. Et ne pourront aucuns Marchands & Ouvriers expofer en vente , vendre ny acheter lefdites Marchandifes , qu'au prealable elles n'ayent efté marquées comme dit eft, ny les Gardes & Jurez des lieux où lefdites Marchandifes auront efté faites ne les pourront marquer d'autre marque que de celle defdits lieux ; le tout à peine de confifcation defdites Marchandifes,& de plus grande peine s'il y efchet.

X L.

Foires. Lefdits Draps, Serges & autres Eftoffes de Laine & de Fil qui feront apportées aux Foirs , y feront veus, vifitez & marquez, par les Maiftres & Gardes & Jurez de la Draperie du lieu où fe tiendront lefdites Foires , & en fera ufé comme il eft dit en l'Article cy deffus, fur les peines y contenües.

X L I.

Laines. Les Laines deftinées pour eftre employées aufdites Manufactures feront veuës & vifitées par les Gardes & Jurez en charges, & jufques à ce , ne pourront eftre expofées en vente , ne pourront encores ceux aufquels elles appartiendront les moüiller ny mettre en lieu humide , ny auffi mefler enfemble les Laines de differentes qualitez,attendu que les unes foulant moins que les autres,tel mélange rend le Drap creux & imparfait en fa Fabricque , mais feront lefdites Laines d'une mefme qualité emballées feparement, le tout à peine de cent livres d'amande pour chacune contravention.

X L I I.

Halles. Les Gardes & Jurez de la Draperie & Sergeterie en charge , tiendront les Halles & autres lieux deftinez aux vifites des Marchandifes bien clos & fermez pour la feureté defdites Marchandifes qui y feront defchargées , à peine de refpondre en leurs privez noms des pertes qui en pourroient arriver , & fera tenu bon & fidel Regiftre par lefdits Gardes & Jurez, ou leur prepofé;de toutes les Marchandifes qui y auront efté defchargées des noms des Marchands aufquels elles appartiendront , du jour defdites defcharges & de celuy qu'elles leur auront efté renduës,en payant un fol pour piece feulement pour fubvenir aufdits frais , fans que ledit droit puiffe eftre augmenté pour quelque caufe que ce foit.

XLIII.

XLIII.

LE s Marchands & Ouvriers feront tenus de fouffrir les vifites *Vifites.* des Gardes ou Jurez, & s'ils en font refufans, pourront lefdits Jurez fe faire affifter d'un Officier de Juftice pour leur donner ayde & main forte contre les contrevenans.

XLIV.

ET parce qu'il arrive fouvent des conteftations entre les Mar- *Aulnage.* chands, les Façonniers & les Aulneurs, à caufe que l'aulnage des Draps & Serges larges fe fait avec poulce , & évant au bout de l'aulne, & qu'il fe donne encore vingt-une aulne & un quart pour vingt, quelques fois plus, quelques fois moins, ce qui fe pratique differemment en plufieurs lieux, quoy que la maniere des aulna_ ges doive eftre uniforme dans tout le Royaume; SERONT à l'ad_ venir toutes fortes de Marchandifes aulnées bois à bois, juftement & fans évant, & ne pourront les aulneurs en ufer autrement, à peine de cent livres d'amande pour chacune contravention. Et pour les Draperies dont l'ufage eft de donner par le Façonnier au Mar_ chand acheteur un excedant d'aulnage pour la bonne mefure , le_ dit excedant ne pourra eftre pour ce regard feulement que d'une aulne & un quart au plus, fur vingt-une aulnes, & un quart vulgai_ rement appellé, vingt-un & un quart pour vingt, & les demies pieces à proportion, fans que les Marchands en puiffent prendre ny recevoir davantage, ny eftendre ledit excedant d'aulnage fur les autres Marchandifes, pour lefquelles n'en a jufques à prefent efté donné, le tout à peine auffi de cent livres d'amande pour cha_ cune contravention.

XLV.

SERONT tenus les Marchands Drapiers des Villes & Bourgs *Comptes.* du Royaume, qui auront acheté des Marchandifes des Drapiers Drapans & Sergers, foit aux Halles ou aux Foires & autres lieux , de faire & arrefter leurs comptes dans deux ou trois jours au plus tard aprés la vente & delivrance defdites Marchandifes, à ce que le retard qu'ils en feroient ne puiffe prejudicier aufdits Drapans & Sergers; à peine en cas de retard de quarante fols pour chacun jour de fejour defdits Drapans & Sergers, depuis la proteftation qu'ils en auront faite jufques au jour de l'arrefté du compte.

D

XLVI.

ET à l'égard des Maiftres, Compagnons & Aprentifs du meftier de Drapier & Serger, il en fera ufé dans les Villes & Bourgs du Royaume fuivant & conformement aux Statuts particuliers, homologuez au Confeil Royal de Commerce qui leur ont efté donnez ; Et quant aux autres Villes & Bourgs où il n'a efté donné aucuns Statuts particuliers, l'ordre preferit par les Articles fuivans pour les Maiftres, Compagnons & Aprentifs Drapiers y fera en tous lefdits lieux ponctuellement obfervé.

XLVII.

AUCUN ne pourra eftre receu à la Maiftrife, qu'il n'ait fait aprentiffage chez un Maiftre dudit meftier, & demeuré actuellement au fervice de fon Maiftre ; Sçavoir, pour la Draperie l'efpace de deux années entieres & confecutives, & pour les Sergers trois années auffi entieres & confecutives, dont fera paffé Brevet pardevant Notaire, qui fera enregiftré fur le Regiftre de la Communauté. Et ne pourra aucun Maiftre prendre plus de deux Aprentifs, ny lefdits Aprentifs s'abfenter de la maifon de leur Maiftre pendant le temps de leur aprentiffage fans caufe legitime, & jugée telle par le Juge de Police. Et en cas de contravention, permis à leur Maiftre de les faire arrefter en vertu des prefentes, pour leur faire parachever leur temps, finon les fommer de ce faire, & apres avoir attendu un mois, pourra les faire rayer fur le Regiftre de la Communauté, & en prendre d'autres en leur place, fans qu'apres cela lefdits Aprentifs qui auront quitté puiffent fe prevaloir du temps qui fe fera écoulé pendant leur abfence & premier aprentiffage, & fauf aufdits Aprentifs à s'obliger de nouveau à un autre Maiftre pour le mefme temps que deffus. Ne pourra le Maiftre congedier fon Aprentif fans caufe legitime, jugée telle par ledit Juge de Police, ny en prendre un autre s'eftant abfenté que le mois cy-deffus ne foit expiré, à peine de trente livres d'amande ; & arrivant qu'aucun Maiftre vint à s'abfenter de la Ville, où il faifoit fa demeure, & ceffer fon travail, il fera pourveu d'un autre Maiftre audit Aprentif un mois aprés ; Ne pourront les Maiftres dudit meftier débaucher ny attirer chez eux l'Aprentif & Compagnon d'un autre Maiftre, ny luy donner de l'employ directement ny indirectement, à peine de foixante livres d'amande.

XLVIII.

L'Aprentissage estant fait l'aspirant à la Maistrise fera *Chef d'œu*
son Chef-d'œuvre, & estant jugé capable il sera receu à ladite Mai *vre.*
strise, & ses Lettres de reception luy seront delivrées en payant
six livres pour tous droits, sans faire aucun festin ; Et les Jurez
dudit mestier & tous autres, n'en pourront recevoir ny aucun
don ny present, devant, pendant, ny apres ledit Chef-d'œuvre,
ny ledit Aspirant leur en donner, à peine de suspention de ladite
Maistrise pour un an, & de cent livres d'amande contre chacun
des contrevenans, dont sera delivré Executoire par le Juge de
Police, aprés la preuve sommaire qu'il sera tenu d'en faire sur la
plainte ou denonciation qui luy en aura esté faite ; & s'il arrivoit
contestation pour la reception dudit Chef-d'œuvre, il sera veü &
visité par le Juge de Police, ou autre par luy nommé, ou commis
pour cet effet.

XLIX.

Les Fils de Maistres seront receus à ladite Maistrise, parde *Fils de Mai*
vant le Juge de Police en la maniere accoûtumée, faisant une ex *stres.*
perience en presence des Jurez en charge, & ayant l'âge de seize
ans accomplis & non moins.

L.

Les Veufves des Maistres dudit mestier pourront tenir Ou *Veuves &*
vroirs & faire travailler chez elles, tout ainsi & de mesme que *Filles de*
pouvoient faire leurs defunts maris, sans qu'elles puissent associer *Maistres.*
personnes avec elles, sinon les Maistres dudit Corps, ny faire aucuns Aprentifs, mais seulement pourront faire parachever en
leurs maisons les aprentissages commencez & passez avec leurs
maris, & en cas que lesdites Veuves quitassent ledit mestier, elles
seront tenuës de remettre les Brevets des Aprentifs entre les mains
du Juré en charge, pour leur estre pourveu d'un autre Maistre,
& achever de le servir le temps porté par lesdits Brevets ; Et si lesdites Veuves & Filles de Maistres espousent un Compagnon, il sera affranchy du temps qu'il seroit obligé de servir les Maistres, suivant les presens Statuts & Reglemens ; En faisant neanmoins le
Chef-d'œuvre, lors de sa reception à la Maistrise, & ne payera
autres droits, que ceux que payent les fils de Maistres.

LI.

Nom de l'Ouvrier.

S E R A le nom des Maiſtres, Ouvriers & Façonniers mis ſur le chef & premier bout de chacune piece deſdites Marchandiſes, fait ſur le meſtier, & non à l'Eguille, à peine de douze livres d'amande pour chacune piece où ledit nom n'aura eſté mis.

LII.

Tirage des Marchandiſes.

L E s Maiſtres Drapiers, Sergers, Ouvriers, Foulons & autres ne pourront tirer, alonger & arramer aucunes pieces de Marchandiſes, tant en blanc qu'en teinture, de telle ſorte qu'elles ſe puiſſent racourcir de la longueur, & eſtroicir de la largeur, à peine de cent livres d'amande, & de confiſcation de la Marchandiſe pour la premiere fois, & en cas de reſcidive d'eſtre deſcheus de leur Maiſtriſe.

LIII.

Tondeurs.

N E pourront eſtre employées aucunes graiſſes appellées Flambart, pour l'enſimage des Draps & Serges, mais ſeulement du ſuif doux de Porc du plus blanc, & ne pourront les tondeurs ſe ſervir de Cardes pour coucher leſdits Draps & Serges, ny en tenir en leurs maiſons, mais ſe ſerviront de chardons, à peine de douze livres d'amande pour chacune contravention.

LIV.

L E s Maiſtres deſdits Corps du meſtier de Drapier & Serger, qui travailleront à façon auſdites Manufactures pour les autres Maiſtres, à cauſe de leur indigence, ne pourront vendre, engager, ny retenir les Marchandiſes, matieres & outils, ſervant à les faire qui leur auront eſté confiées & miſes entre les mains pour travailler, à peine de punition exemplaire. Subiront leſdits Maiſtres travaillans à façon les meſmes loix que les Compagnons & Aprentifs deſdits meſtiers.

LV.

Privilege.

N E pourra eſtre procedé par ſaiſie, execution, ny vente forcée en Juſtice des Moulins, meſtiers, outils, & uſtancils ſervans à quelque Manufacture que ce ſoit, pour quelque debte, cauſe & occaſion que ce puiſſe eſtre (ſi ce n'eſt pour les Loyers des maiſons que leſdits Ouvriers & Façonniers occuperont) ny meſme pour les deniers des tailles & Impoſt du Sel, & aucuns Huiſſiers & Sergens ne pourront faire leſdites ſaiſies ny vente, à peine d'interdiction étion de leurs charges, cent cinquante livres d'amande, & de tous defpens, dommages & interefts des parties faifies.

LVI.

E T fera le prefent Reglement tranfcrit dans le livre de la Communeauté pour y avoir recours quand befoin fera, dont fera delivré gratuitement une Copie, une feule fois à chacun Maiftre de la Communeauté, un mois apres la publication d'iceux, dont lefdits Maiftres figneront la reception fur ledit Regiftre. *Regiftre de la Communeauté.*

LVII.

L E S D I T S Jurez en charge s'affembleront en la Chambre de leurdite Communeauté tous les premiers Lundys du mois à deux heures de relevée, & plus fouvent s'il eft befoing pour conferer des affaires de ladite Communeauté, ouïr les dénonciations & plaintes qui leur feront faites par les Maiftres & Aprentifs, touchant le fait de leur meftier, pour eftre reglez à l'amiable. Et au cas qu'il arrive quelques affaires importantes, concernant ledit corps & Communeauté, qui peuft donner occafion de Procez, les Gardes ou Jurez en charge feront affembler en leur Chambre le plus grand nombre des Maiftres dudit Corps qui leur fera poffible, du moins celuy de cinq. Et ceux qui auront efté en charge les deux années precedentes, aufquels ils propoferont les affaires, dont il s'agira pour les refoudre à la pluralité des voix, & ce qui fera ainfi refolu, fera tranfcrit fur ledit Regiftre de la Communeauté, & Executé par tous les Maiftres dudit corps, comme fi tous y avoient affifté. *Affemblées.*

LVIII.

Toutes les amandes qui feront adjugées en confequence des prefentes, & pour les contraventions à icelles, feront aplicquables; Sçavoir, moitié à fa Majefté, un quart aux Gardes & Jurez en charge, & l'autre quart aux pauvres du lieu, où les jugemens portans condamnation defdites amandes feront rendus. *Amandes.*

LIX.

E T pour connoiftre fi les Gardes & Jurez fe feront bien acquittez du devoir de leurs commiffions, & exactement executé ces prefents Reglemens, & auffi pour rechercher d'autant plus les moyens de perfectionner lefdites Manufactures, & en augmenter le Commerce dans toutes les Villes & Bourgs de ce Royaume, où *Affemblées pour la Police des Manufactures.*

il y a & aura cy-apres Corps & Communeauté des Marchands
Drapiers & Sergetiers ; Les Officiers de Police des Manufactures
feront affembler pardevant eux, au mois de Janvier de chacune
année les Gardes & Jurez en charge des mettiers defdites Manufactures de Laine & de Fil, avec ceux qui feront fortis de charge
l'année precedente, & quatre autre perfonnes de chacune defdites Communautez tels qu'ils les voudront choifir, enfemble
deux notables Bourgeois, afin que les Gardes & Jurez en charge, informent l'affemblée de l'Eftat auquel feront lefdites Manufactures de leur progrés, des moyens qu'ils jugeront neceffaires
pour leur perfection, & de l'obfervation ou contravention qu'ils
auront remarquées avoir efté faites au prefent Reglement, & les
remedes qu'il conviendra d'y aporter, pour eftre fur le tout, par
ladite affemblée dôné fon advis de ce qu'elle jugera le plus utile &
raifonnable pour le bien public, & le Commerce des Marchandifes, dont fera dreffé Procez Verbal, par lefdits Officiers de Police des Manufactures, qui feront tenus d'en envoyer une expedi-
tion un mois apres au Surintendant des Arts & Manufactures de
France, le tout gratuitement & fans frais.

---

*Arreft de Renvoy du Reglement & Statut general,
pour les longueurs, largeurs & qualitez des Draps,
Serges & autres Eftoffes de Laine & de Fil.*

EXTRAICT DES REGISTRES DV
Confeil d'Eftat.

LE Roy ayant receu plufieurs plaintes des Maiftres &
Gardes des Marchands Drapiers de fa bonne Ville de
Paris, des abus qui fe commettent aux longueurs, largeurs & qualitez de toutes fortes d'Eftoffes de Laine & de Fil,
qui font Manufacturées dans fon Royaume, & que les moyens d'y
remedier font contenus dans un projet de Statut & Reglement

general defdites Manufactures , qu'ils ont dreffé pour ce fujet ,
s'il plaifoit à fa Majefté l'approuver, & fur iceluy faire expedier
fes Lettres Patentes, pour eftre Regiftrées dans fes Cours de Parlement , & obfervé & executé dans toute l'eftenduë de fon
Royaume ; A quoy fa Majefté defirant pourvoir , avec une par-
faite connoiffance de l'avantage que le Public en peut recevoir.
Sa Majefté en fon Confeil Royal de Commerce , a renvoyé &
renvoye ledit projet de Statuts & Reglement general au Lieutenant du Prevoft de Paris, pour la Police , & au Procureur de fa
Majefté au Chaftelet , pour y donner leurs advis , & iceux veüs &
rapportez eftre pourveu ainfi qu'il appartiendra par raifon. Fait
au Confeil d'Eftat du Roy, tenu à Saint Germain en Laye , le
vingt-deuxiéme jour de Juillet , mil fix cent foiante neuf. Signé ,
BERRIER.

E U par Nous GABRIEL NICOLAS DE LA REYNIE,
Confeiller du Roy en fes Confeils d'Eftat & Privé,
Maiftre des Requeftes ordinaire de fon Hoftel, & Lieutenant de Police de la Ville, Prevofté & Vicomté de
Paris, & ARMAND JEAN DE RIANTZ , auffi Confeiller
du Roy en fes Confeils , & fon Procureur au Chaftelet de
Paris, les Articles cy-deffus tranfcrits au nombre de cinquante-neuf , prefentez à fa Majefté , par les Maiftres & Gardes
de la Draperie de Paris , à ce qu'il luy pluft les approuver , & faire
expedier fur iceux fes Lettres patentes en forme de Statuts, Ordonnances & Reglemens pour les longueurs , largeurs & qualitez
des Draps , Serges & autres Eftoffes de Laine & Fil qui font Manufacturées dans le Royaume ; L'Arreft du Confeil du vingt-
deuxiéme de Juillet dernier , par lequel le Roy en fon Confeil
Royal de Commerce nous a renvoyé lefdits Articles pour fur
iceux donner noftre advis; La Requefte à nous prefenté par ledit
Procureur du Roy, par laquelle il nous auroit requis avant que
donner noftre advis , que lefdits Maiftres & Gardes des Drapiers
de Paris fuffent ouïs pardevant nous en fa prefence fur lefdits Articles ; à quoy ayant efté fatisfait.

Nostre advis est , sous le bon plaisir de sa Majesté , que lesdits Articles sont utiles au public & tres necessaires pour le rétablissement & perfection des Manufactures des Estoffes de Laine & Fil qui sont fabriquées en France , tant pour l'usage & consommation qui s'en fait dans le Royaume , que pour en augmenter le debit dans les païs Estrangers.   Fait à Paris le huitiéme d'Aoust mil six cens soixante-neuf.

Signé , De la Reynie.   De Ryants.

LETTRES PATENTES SVR LE
Reglement General des Longueurs , Largeurs &
qualitez des Manufactures de Laine & Fil.

OUIS PAR LA GRACE DE DIEU ROY DE FRANCE ET DE NAVARRE : A Tous presens & à venir ; Salut. Desirant remedier autant qu'il nous est possible aux abus qui se commettent depuis plusieurs années aux Longueurs, Largeurs, Forces & bonté des Draps, Serges & autres Estoffes de Laine & de Fil , & rendre uniforme toutes celles de mesme sorte , nom & qualité, en quelque lieu qu'elles puissent estre fabriquées , tant pour en augmenter le debit dedans & dehors nostre Royaume, que pour empescher que le public ne soit tompé. Nous aurions ordonné aux Maistres & Gardes de la Draperie de nostre bonne Ville de Paris, d'en rechercher les moyens , & nous les proposer , à quoy ayant satisfait par les Articles en forme de Statuts & Reglemens qu'ils ont dressez, Ils nous les auroient presentez, & humblement supplié de les vouloir aprouver, & sur iceux faire expedier nos Lettres à ce necessaires : A CES CAUSES, de l'advis de nostre Conseil Royal de Commerce qui a veü & examiné lesdits Articles au nombre de Cinquante-neuf , l'Arrest de nostredit Conseil du vingt-deuxiéme Juillet dernier , portant renvoy d'iceux au
Lieutenant

Lieutenant de Police , & à noftre Procureur au Chaftelet de
Paris , pour y donner leur avis, eftant au bas defdits Articles du
huitiéme du prefent mois d'Aouft mil fix cens foixante-neuf ;
le tout cy attaché fous le contre-fcel de noftre Chancellerie :
Nous AVONS par ces prefentes fignées de noftre main , de noftre
grace fpeciale, pleine puiffance & authorité Royalle, approuvé &
confirmé , approuvons & confirmons lefdits Articles de Statuts,
Ordonnances & Reglemens pour les Longueur , Largeur , qualité & uniformité des Draps, Serges & autres Eftoffes de Laine
& Fil ; Voulons que dans toute l'eftenduë de noftre Royaume,
Terre & Seigneurie de noftre obeïffance, ils foient gardez, ob-
fervez & exccecutez de point en point felon leur forme & teneur :
SI DONNONS EN MANDEMENT à nos Amez & Feaux
Confeillers les Gens tenans noftre Cour de Parlemant de Paris,
que ces prefentes, & lefdits Articles de Statuts & Reglemens , ils
faffent lire, publier, regiftrer, garder & obferver fans y contrevenir
ny fouffrir qu'il y foit contrevenu , Nonobftant toutes chofes à
ce contraires, aufquelles nous avons dérogé & dérogeons. Et parce que de ces prefentes , & defdits Satuts & Reglemens , l'on
pourroit avoir à faire en plufieurs lieux, Voulons qu'aux copies
collationnées d'iceux, par l'un de nos Amez & Feaux Confeillers
& Secretaires , foy fera adjoutée comme aux Originaux :
CAR tel eft noftre plaifir. Et afin que ce foit chofe ferme &
ftable à toûjours , Nous avons fait mettre noftre fcel à cefdites
prefentes. DONNE' à Saint Germain en Laye , au mois
d'Aouft, l'an de grace mil fix cens foixante-neuf : Et de noftre
regne le vingt-feptiéme, Signé , LOUIS , *Et fur le reply.*
Par le Roy, COLBERT. Et feellées du grand Sceau de cire
verte , en lacs de Soye rouge & verte ; *Et à cofté* ; Vifa SEGUIER.
Pour fervir aux Lettres Patentes en forme d'Edit portant divers Re-
glemens pour les Manufactures.

LEuës , *publiées & regiftrées , Oüy & ce requerant le Procureur*
General du Roy , pour eftre executées felon leur forme & teneur.

A' Paris en Parlement, le Roy y seant en son Lict de Iustice, le 13.
Aoust 1669. Signé, Du TILLET.

*Collationné aux Originaux par moy Conseiller, Secretaire
du Roy, Maison, Couronne de France & de ses Finances.*